Spanish
242
Perad. J

Juli Peradejordi

CUENTOS PARA BUSCAR A DIOS

EDICIONES OBELISCO

Si este libro le ha interesado y desea que le mantengamos informado de nuestras publicaciones, escríbanos indicándonos qué temas son de su interés (Astrología, Autoayuda, Ciencias Ocultas, Artes Marciales, Naturismo, Espiritualidad, Tradición...) y gustosamente le complaceremos.

Puede consultar nuestro catálogo en www.edicionesobelisco.com

Colección Libros Singulares
Cuentos para buscar a Dios
Juli Peradejordi

1.ª edición: septiembre de 2011

Maquetación: *Marta Rovira*
Diseño de cubierta: *Enrique Iborra*

© 2011, Juli Peradejordi
(Reservados los derechos)
© 2011, Ediciones Obelisco, S. L.
(Reservados los derechos para la presente edición)

Edita: Ediciones Obelisco S. L.
Pere IV, 78 (Edif. Pedro IV) 3.ª planta, 5.ª puerta
08005 Barcelona - España
Tel. 93 309 85 25 - Fax 93 309 85 23
E-mail: info@edicionesobelisco.com

Paracas, 59 C1275AFA Buenos Aires - Argentina
Tel. (541-14) 305 06 33 - Fax: (541-14) 304 78 20

ISBN: 978-84-9777-762-9

Reservados todos los derechos. Ninguna parte de esta publicación, incluido el diseño de la cubierta, puede ser reproducida, almacenada, transmitida o utilizada en manera alguna por ningún medio, ya sea electrónico, químico, mecánico, óptico, de grabación o electrográfico, sin el previo consentimiento por escrito del editor. Diríjase a CEDRO (Centro Español de Derechos Reprográficos, www.cedro.org) si necesita fotocopiar o escanear algún fragmento de esta obra.

Prólogo

Cada día son más las personas que se sienten inclinadas a buscar aquello que etiquetamos como Dios movidas por una suerte de nostalgia o añoranza y, en muchas ocasiones, no saben interpretar su desasosiego, su desorientación. Y es que el hombre, dijo un sabio, es como una gran pregunta. Dios, o lo que entendemos como tal, es la respuesta. Sin embargo, pregunta y respuesta tienen mucho más en común de lo que parece a simple vista. En nuestro mundo, los contrarios se oponen y se enfrentan, pero en cuanto cambiamos de paradigma y trascendemos el espacio y el tiempo parecen unirse. En ambos casos se trata de un espejismo: siempre han estado unidos, éramos nosotros quienes no lo veíamos. Buscar y encontrar se nos antojan como dos acciones contrarias; unas veces buscar lleva a encontrar y otras, no. No obstante, como intuiremos durante la lectura de estos cuentos, buscar y encontrar son, en esencia, lo mismo. Éste parece ser, por otra parte, uno de los mensajes, aunque lamentablemente olvidado, de la Iglesia católica cuando en el Catecismo decía: «*corpore et anima unus*». El cuerpo busca al alma y, al final del camino, descubre que, en verdad, eran lo mismo. Job (XIX-26) ya vislumbraba ese misterio cuando dijo: «En mi carne he de ver a Dios».

Estos cuentos tratan de ese misterio, de la búsqueda de sentido. No son cuentos literarios, escritos para distraer, sino historias que apuntan a enfocar el deseo y la aspiración de sus lectores, para ayudarlos a encontrar el camino hacia esa meta única que es la divinidad.

Los cuentos fueron editados por primera vez en 1997 y reeditados una docena de veces. Las ediciones piratas o ilegales de esta obra son muchas más. Ello da fe de que cientos de miles de almas están interesadas en una búsqueda que comienza en la oscuridad y los estrechos límites de uno mismo para regresar, iluminadas, al punto de partida tras haber descubierto que tanto la oscuridad como los límites no eran más que una ilusión pasajera.

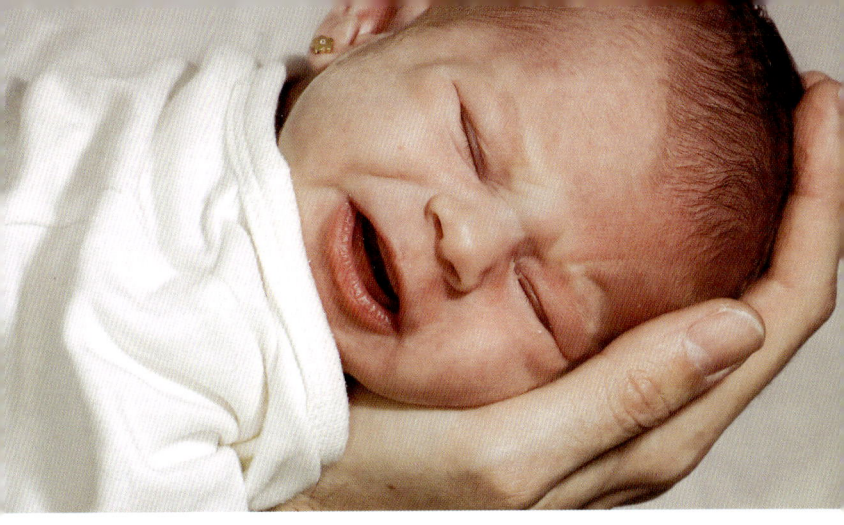

El primer llanto

A lo largo de nuestras vidas, los hombres decimos miles de cosas, profesamos miles de opiniones, defendemos miles de teorías que, en el fondo, no comprendemos. En nuestra superficialidad nos quedamos en las apariencias y desdeñamos el fondo de las cosas. Pero lo importante es el fondo, y si no lo entendemos, se nos escapa automáticamente la inteligencia de todo lo demás.

Toda la vida de un hombre no es sino un llanto, una lamentación, un nostálgico «gemido» cargado de añoranza por el paraíso perdido. Todo cuanto expresamos, cuanto opinamos, en el fondo, viene a decir eso: «¡Ay!», aunque digamos: «Mi sastre es rico» o «¡Qué bonitas son sus flores!».

Toda la aventura humana está contenida y prefigurada en el primer llanto y no es más que un desarrollo de éste. Acaso fuera bueno recuperarlo en su primera desnudez y recordar cuál era el objeto por el que, sin saberlo, tanto y de tan distintas maneras hemos llorado a lo largo de nuestras vidas.

> *Cuando nació su hijo, el Maestro lo tomó en sus manos y sonrió enigmáticamente ante su primer llanto.*
>
> *Al preguntarle los discípulos el porqué de una sonrisa tan misteriosa, pronunció las siguientes palabras:*
>
> *«Todo lo que un hombre va a decir a lo largo de su vida, incluido el último gemido de su agonía, está contenido en el primer llanto. Nada hay más auténtico y sentido que el primer llanto; todo el resto es mero comentario».*

También todo el camino de regreso a la Casa del Padre comienza y se apoya en un instante único, mágico, original, al que quizá no otorgamos la más mínima importancia. Fue en aquel momento cuando nos olvidamos de nosotros mismos y emergió en nuestro interior el recuerdo de Él. Entonces Dios lloró como un niño dentro de nuestro corazón.

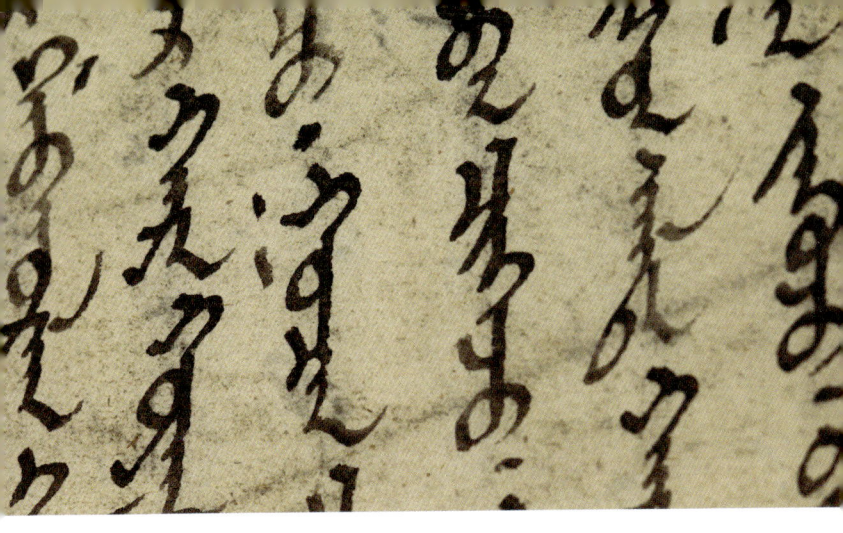

La base de lo maravilloso

Los acontecimientos más triviales e intrascendentes de nuestra vida pueden ser tan útiles y trascendentales en nuestra búsqueda de Dios como los más importantes pues, en cierto modo, por contraste, los posibilitan. En una época en la que se desea «vivir intensamente» a toda costa, hemos llegado a olvidar que la paz y la tranquilidad, que tan poco interesantes y tan aburridas parecen, son, a fin de cuentas, la base de lo maravilloso.

En cierta ocasión un discípulo se encontró con un manuscrito de un viejo Maestro. Tan denso y profundo de sentido era, que, en su avidez, el discípulo se lamentó de hallar espacios en blanco entre las letras. Si no los hubiera habido, creía, podría disfrutar aún más de las maravillosas enseñanzas que contenía.

Un día en que lo releía por enésima vez, deseó tan fuertemente que no hubiera espacios blancos entre las letras, que el manuscrito se volvió completamente negro. Entonces comprendió que, mientras estuviera en este mundo, luz y oscuridad tenían que alternarse, que la Verdad sólo se puede manifestar de un modo intermitente, y el único Reposo sólo se establece en el Inefable, porque sólo en el Único se establece el Reposo Inefable.

En cualquier situación que nos haya tocado vivir se encuentra inscrita la situación contraria. Es algo que no debemos olvidar dejándonos arrastrar por los momentos de dicha ni hundiéndonos o desesperando en los de desgracia.

Afirma un dicho popular que «en medio de la noche se halla la luz del día». Cualquier momento es bueno para iniciar la búsqueda de Dios. Hemos de tener la suficiente paciencia y sabiduría para aprovechar los momentos blancos y negros de nuestras vidas para, trascendiéndolos, alcanzar los luminosos.

Las oportunidades

Una de las características más evidentes de nuestro estado de hombres caídos, es que nada, en este mundo, es definitivo. Todo es provisional, todo puede ser mejorado o empeorado, todo es susceptible de cambio, de transformación, de mutación. Se trata, aparentemente, de una desventaja que nada puede ilustrar mejor que el famoso mito de Sísifo; paradójicamente, se trata al mismo tiempo de una enorme suerte. Cada segundo de nuestra vida es una oportunidad única para «amontonar tesoros en el cielo», aunque muy a menudo preferimos recoger los beneficios aquí en la Tierra.

Cuando le preguntaron por la vida de los Santos, el Maestro contestó:

—Los Santos viven en el Cielo de sus rentas. Los hombres, sin embargo, han de esforzarse a diario. Pero los Santos ya no pueden ganar nada, mientras que nosotros podemos aumentar nuestro tesoro cada instante.

Todo cuanto podamos atesorar en el exterior, en nuestras arcas, nos puede ser robado y, un día u otro deberemos abandonarlo. Todo cuanto hayamos atesorado en nuestro interior a lo largo de esta vida, no nos abandonará jamás y será nuestro capital en la otra. Pero aún hay más: cuanto más ricos seamos interiormente, menos necesitaremos de las cosas exteriores.

La búsqueda

La búsqueda de Dios es algo misterioso, increíblemente inexplicable. Se apodera de aquellos que la inician seriamente más que cualquier otra cosa en este mundo y, al mismo tiempo, intriga y desconcierta a aquellos que se quedan afuera.

A propósito de la diferencia entre estar atrapado por Dios o no estarlo, el Maestro solía contar la siguiente historia:

Un infiel tenía por esclavo a un humilde buscador de Dios. Un día le mandó a hacer un recado. Mientras se dirigía al lugar donde había sido enviado por su amo, pasó cerca de una Casa de Oración y sin saber por qué, entró en ella.

Pasaron varias horas y el esclavo no regresaba a su hogar, por lo que el amo decidió ir a ver qué le había ocurrido. Al pasar por delante de la Casa de Oración vio las babuchas de su esclavo, que reconoció porque habían sido suyas, y empezó a gritar para que saliera. Pero desde el fondo del Templo el esclavo contestó que no podía, que era imposible. Intrigado, el amo le preguntó:

—Qué o quién te impide salir?

A lo que respondió el esclavo:

—Aquel que no te deja entrar es el mismo que no me deja salir.

El amo se convirtió y liberó al esclavo.

Aquello que nos abre las puertas del Cielo nos las puede cerrar o, mejor dicho, el amor a Dios en nosotros, que nos hacer participar de sus delicias eternas, es el mismo amor que, enfocado hacia las cosas de este mundo, nos impide acceder a Él. El destino del hombre depende, pues, de la orientación de su corazón. Por ello, el proverbio (IV-23) nos avisa: «Guarda tu corazón más que cualquier otra cosa, pues de él manan las fuentes de la vida».

No perdamos el tiempo

En la búsqueda, quizás más que en la vida, tenemos la sensación de que hay tiempo, de que nos quedan muchos años por delante. No nos damos cuenta de la urgencia del encuentro ni somos conscientes de cuál es, en realidad, nuestro estado.

Esta ignorancia es una de las trampas más malignas y peligrosas. A ella alude el famoso proverbio que nos aconseja no dejar para mañana lo que podamos hacer hoy. Porque, en el fondo, mañana no existe. Cuando llega, ya no se llama mañana, sino hoy. Así que, hablando con propiedad, no se puede dejar nada para un mañana inexistente.

El tiempo es uno de los dones más preciados que Dios ha dado a los hombres. Es como una pequeña muestra de la eternidad; depende de qué hagamos con nuestro tiempo el que seamos o no merecedores de ella.

Dicen los que saben que en los momentos importantes el Maestro solía decir a sus discípulos:

«No dedicar nuestro tiempo a la Búsqueda de Dios es prostituir nuestro corazón que, a fuerza de desviarse de Aquello para lo que fue creado, se endurece y se reseca incapacitándose para el Amor.»

«El Arte es largo, la vida breve», afirmaba Hipócrates y si sólo hay una vida, sólo hay un Arte: nuestra comunión con Dios.

La fuerza del deseo

Si hay algo importante en la búsqueda de Dios, es el Deseo, porque, al fin y al cabo, el Deseo de Dios no es distinto de Dios. Sólo Él puede hacer que los innumerables deseos que nos asaltan a diario pierdan importancia eclipsados por el único Deseo digno de ese nombre. Cuando Se manifiesta, Él mismo nos los oculta, como el sol de la mañana hace que se escondan las estrellas. Nuestros vanos esfuerzos por liberarnos de los deseos no hacen más que impedirnos la quietud y la entrega total necesarias para atraer la lluvia de la gracia. Se trata de una lucha titánica en la que hemos perdido antes de empezar. No se trata de ir apagando uno a uno los incontables deseos que nos invaden sino de avivar la llama del Deseo de Dios.

Estaban saboreando un excelente vino cuando el Maestro se levantó y, dirigiéndose a sus discípulos, les dijo las siguientes palabras:

—Hace falta una gran pasión, un deseo ardiente para distinguir el vino de la copa.

—Explícanos esto –le inquirieron los discípulos.

—Imaginad a un hombre hambriento, que ha estado diez días sin comer y a otro que, comiendo cinco veces al día, está satisfecho. Los dos están ante un mendrugo de pan. Para el hombre satisfecho se trata de una forma, pero para el hambriento se trata de la vida. Este pan es parecido a la copa, pero su sabor y su poder nutritivo es como el vino.

Lo mismo ocurre con las palabras de la Escritura: son sabrosas y nutritivas para aquel que las lee hambriento, animado por el Deseo de Dios, pero resultan insulsas y poco interesantes a aquel que carece del Deseo. Y, paradójicamente, cuanto más las saboreamos más ganas tenemos de ellas.

Buscar y encontrar

En algunos Libros Sabios está escrito que la Búsqueda de Dios no es distinta de Dios, quizá porque el verdadero móvil de la búsqueda de Dios no es sino el Amor de Dios, que tampoco es diferente de Él. La diferencia entre buscador y buscado sólo existe para los que no han encontrado.

Le preguntaron en cierta ocasión al Maestro que qué buscaba. Sorprendido y casi indignado les respondió: «Yo no busco, ¡encuentro!»

Porque, amigo lector, aunque no nos demos perfecta cuenta de ello, cuando buscamos a Dios, Él nos encuen-

tra. La identificación del Maestro con su Señor era tan grande que no existía en Él la distinción entre buscar y encontrar.

Toda nuestra vida no es sino un gigantesco juego, «el escondite», y ahora nos ha tocado «parar» a nosotros. ¡Pero le gusta tanto que Le encontremos!

El único orgullo

Todos nos sentimos, con más o menos razón, orgullosos de algo. Y nuestro orgullo hace que nos apeguemos a ese «algo» que, en cierto modo, nos da prestigio, seguridad, tranquilidad, etc... Ese «algo», las más de las veces, es una suerte de justificación de nuestro modo de pensar, de actuar, de nuestra existencia misma. Pero se trata siempre de algo exterior a nosotros, de algo que se coloca como una pared entre nosotros y Dios. O al menos así lo creía el Maestro cuando decía:

«¡No estéis orgullosos de nadie ni de nada! Sólo se puede estar orgulloso de Dios y de Su Providencia, que no son ex-

clusivamente de nadie. Aquel que sienta otro tipo de orgullo se está engañando a sí mismo y se está privando del único orgullo permitido al ser humano».

¿Cabe mayor estupidez que enorgullecerse de algo transitorio, pasajero, ajeno a nuestra intimidad, algo que no somos nosotros mismos? Todo cuanto pueda acaparar ese sentimiento que no sea de Dios, no hace sino distraernos de Él. No se pueden seguir a dos maestros al mismo tiempo, y allí donde está nuestro corazón, está nuestro tesoro. Debemos ser lo suficientemente inteligentes y previsores como para colocar nuestro tesoro en lugar seguro y no en las trampas de este mundo. Estemos orgullosos de Aquel que lo hace todo de nada y no de nosotros, que no hacemos nada de todo.

Los deseos

Todos deseamos cientos de cosas, nos abandonamos a cientos de placeres, tenemos cientos de proyectos. Pero todos ellos no son sino la proyección desintegrada de un único Deseo integral e integrador. Nada de lo que consigamos en este mundo logrará apaciguarlo en su totalidad. Todos estos deseos, placeres y proyectos no son, sin embargo, ilícitos. Son «flashes», mensajes del único Deseo que quiere que Lo escuchemos, que Le hagamos caso. Los deseos no son malos en sí mismos; el problema radica en su multiplicidad, en que atendiéndolos uno a uno olvidamos al único importante, el que clama desde nuestro interior al Único Importante.

Iban caminando el Maestro y los discípulos cuando se encontraron delante de la escalera. Como uno de los pupilos pasara por debajo de ella, lo cual según la superstición popular trae muy mala suerte, el Maestro pronunció estas palabras:

«Todos los placeres y todos los deseos que podamos tener aquí abajo son como los peldaños de una escalera; y una escalera no es un lugar donde debamos mantenernos, sino un lugar de paso, de ascensión. Feliz aquel que se despierta pronto y acorta este largo camino no perdiendo el tiempo tropezando con los peldaños.»

Pocas veces en esta vida tenemos ocasión de tropezar con una escalera. Si pasamos debajo de ella, es decir si la eludimos y nos negamos a la ascensión, está decidida nuestra suerte; pero si subimos unos cuantos peldaños y con orgullo nos creemos por encima de los demás, nos estancamos. Hemos de caminar siempre hacia adelante, sin volver la vista ni hacia abajo ni hacia atrás, para no ser convertidos, como la mujer de Lot, en estatuas de sal.

La ambición

El drama del hombre, que se mata a sí mismo y a los demás por un miserable plato de lentejas, llámese éste torre en la sierra o masía en el Ampurdán, es que en el fondo no es ambicioso.

Como el niño pequeño que se encapricha con aquella pequeña cosa que tiene delante y que le impide descubrir otras mejores, así se obsesiona el hombre por toda suerte de objetos que no van a hacer sino distraerle, encadenarle y finalmente decepcionarle.

Tal es la triste ambición de los humanos (no olvidemos que «ambición» procede de *ambio*, girar alrededor), que hace que dé vueltas y más vueltas alrededor de las cosas de este mundo distrayéndole de lo que podría ser su más preciosa posesión: la totalidad del ser.

El Maestro fue un día a ver al rey que, conocedor de su fama y sus virtudes, se inclinó ante él diciéndole:

—¡Salud, noble asceta!

A lo que el Maestro respondió:

—¡Salud a ti, pues el asceta eres tú!

Contrariado por la respuesta, el Rey le preguntó, algo ofendido:

—¿Cómo podría ser un asceta, si todo este país me pertenece?

—Me temo que ves las cosas al revés –repuso el Maestro–. Este país, este bajo mundo, el otro mundo, todo me pertenece a mí, pues yo he escogido el Todo, tú te has contentado con este país.

Escogiendo lo limitado, lo múltiple, renunciamos a lo ilimitado, a lo único. Identificándonos con nuestras circunstancias nos olvidamos de nuestro verdadero Yo. El Recuerdo está en el olvido y la única Riqueza sólo puede hallarse en la pobreza de espíritu. ¡Qué poco ambiciosos son los hombres que se contentan con lo que les ofrece el mundo!

La realización de los deseos

El secreto de la realización de los deseos se halla en la renuncia. Aquel que es capaz de renunciar a sí mismo puede conseguir cualquier cosa, satisfacer cualquier deseo.

Cuentan algunos discípulos, entre los más viejos, que antes de llegar al conocimiento del Nombre de Dios el Maestro envidiaba la elocuencia y la belleza de los discursos de algunos oradores profanos. Cuando el mundo invisible le fue abierto, y alcanzó el conocimiento del Nombre de Dios, esta envidia y este deseo desaparecieron completamente. Entonces, el Altísimo le dijo:

—*La elocuencia y la belleza que deseabas, te las concedo ahora.*

Pero el Maestro respondió:

—*¡Oh, Señor! ¿Para qué me servirían? Me he desapegado de ello y ya no lo deseo.*

Cuentan que entonces, el Altísimo le concedió una elocuencia muy superior a lo imaginable.

Cuando anhelamos algo es que no lo poseemos y nos sentimos separados de ello. Cuando lo somos o lo tenemos, el deseo cesa. El único deseo que vale la pena tener es el deseo de Dios, y para tenerle a Él hemos de dejar de ser nosotros.

Los defectos

Todos los defectos que podemos observar en los demás existen, de un modo u otro, en nosotros mismos. Lo que ocurre es que ya estamos tan acostumbrados a que moren en nosotros, que no nos molestan. Pero cuando los vemos en los demás se despiertan en nuestro interior y nos asustamos de lo imperfectos que somos. La excelente imagen que teníamos de nosotros mismos comienza a peligrar y, automáticamente, nos ponemos a luchar, no contra el defecto que está en nosotros, sino contra el que vemos en los demás: nos inquieta.

Una antigua historia sufí cuenta que: un día un elefante fue a beber agua al río. Al verse reflejado en el agua, creyó que había allí otro elefante y huyó despavorido.

Creía que el otro elefante lo había asustado y no sabía que se había asustado a sí mismo.

La vida es como un río, siempre dispuesta a devolvernos nuestra imagen.

Cada vez que vayamos a beber agua nos encontraremos con el mismo problema: nos enfrentaremos con nosotros mismos. Si no huimos de nosotros mismos, si nos olvidamos de nosotros mismos, si nos aceptamos, nuestro reflejo dejará de molestarnos, en los demás, en el río, y en todas circunstancias seremos capaces de beber directamente de la vida.

El orgullo

Decía el Santo Cura de Ars que la humildad era el gran medio para amar a Dios. Si algo nos separa de la experiencia real y transformadora de la unión es la coraza con la que nos recubre el orgullo. El orgullo es algo temporal (pues el tiempo siempre acaba destruyéndolo), que nos ata a la temporalidad privándonos de lo eterno. Es como un espejismo que nos tiene alucinados, pero pronto desaparece, como una hipnosis que nuestro ego produce en nosotros pero que no puede durar mucho tiempo.

Paseando por el mercado, el Maestro tomó una balanza que alzó en lo alto para que todos los discípulos pudieran verla y dijo:

> «Tenemos delante nuestro una balanza, compuesta de un fiel y dos platillos. Uno de ellos es el mundo, el otro es Dios. Uno es el orgullo, el otro es la humildad. Cuanto más desciende uno, más asciende el otro.»

La balanza es el corazón y cada uno de los platillos el peso del valor que en nuestro corazón concedemos al mundo o a Dios. Si logramos amar más a Dios que al mundo, aunque en nuestro estado caído todavía Le amemos poco, ocurrirá como con la balanza: nos iremos decantando, lentamente hacia el lado del Señor.

Sólo existe una manera de lograr este pequeño milagro: amando cada día un poquito más a Dios.

Es mucho más eficaz amar a Dios que intentar no amar al mundo. Busquémosle a Él y no nos preocupemos, que todo el resto se hará por añadidura.

La humildad

La humildad no es sólo uno de los requisitos esenciales en la búsqueda de Dios, nos permite además ser conscientes de nuestra ignorancia y de nuestra impotencia por lo que es, sobre todo, una señal de sabiduría. El hombre Sabio, aquel que tiene realmente algo que ofrecer, es siempre humilde. El que no es humilde y pretende enseñar algo, algo quiere obtener a cambio, y lo más frecuente es que desee veneración y admiración. Es un claro síntoma de que no es un hombre Sabio, de que es un ser inseguro, necesitado de que los demás justifiquen su existencia. Sólo se puede dar con humildad; el que da orgullosamente no está dando, vende, engaña y soborna, sin ser necesariamente consciente de ello.

Paseaban por un camino rodeado de olorosos árboles frutales, cuando el Maestro se agachó y cogió del suelo un fruto recién caído. Pronunció entonces estas palabras:
   «Cuando una rama está cargada de frutos, su peso hace que se incline hacia el suelo. Cuando nada tiene que ofrecernos, permanece tiesa y altiva».

Cuando intentamos dar o enseñar estamos forzando las cosas; el don y la enseñanza verdaderos únicamente son posibles en la espontaneidad del no-esfuerzo. En él no somos nosotros quienes damos: obramos como humildes transmisores, como meros intermediarios de Dios que es, a fin de cuentas, quien dispensa toda enseñanza y todo don verdaderos.

El destino

El hombre es, en gran medida, responsable de lo que le ocurre, de cómo lo vive, de cómo lo encaja, de las circunstancias exteriores que le acompañan durante su existencia y que, a menudo, le parecen incomprensibles, absurdas e injustas; pero, si no se conoce ni comprende a sí mismo, ¿cómo va a comprender su destino?

Aquella tarde, el Maestro les recitó un poema:
«Todo lo que absorbe la raíz,
oculta bajo tierra,
lo manifiesta luego el árbol

en sus ramas y en sus hojas.
Todo lo que ocultas en tu corazón,
en bien o en mal,
Dios lo reproduce en tu exterior.
No te quejes de tu destino,
no veas la desgracia ni la suerte fuera de ti.
Busca en tu interior y hallarás
las semillas de lo que te ha tocado vivir.»

Cuanto más superficial es nuestra vida, más sujetos estamos a los caprichos del destino. Pero no son tales caprichos: se trata de nuestra propia incoherencia proyectada al exterior. Todo cuanto nos ocurre afuera ya ha sido gestado dentro, y si se nos manifiesta en nuestra vida exterior es porque no hemos sido capaces de resolverlo en nuestro interior. Nuestros problemas en el mundo son las notas de aviso de los asuntos que están pendientes en nuestro corazón. Son, como los sueños, mensajes en clave, lecciones del Maestro Interior a las que conviene prestar atención y aceptar con humildad.

Cómo creamos nuestro destino

Es muy difícil darnos perfecta cuenta de lo que pensamos, decimos o hacemos, nos cuesta muchísimo, y medir su alcance, y es terriblemente dificultoso juzgarnos a nosotros mismos. Una manera de lograrlo consiste en examinar qué nos ocurre, porque lo que aparentemente es el resultado de un destino ciego o ilógico bien podría ser el fruto de lo que hemos pensado, dicho o hecho. Construimos nuestra felicidad o nuestra desgracia segundo a segundo, alegremente, y las sufrimos segundo a segundo, fatídicamente.

Cuando el último de los discípulos hubo alcanzado la cima, gritó de alegría. Entonces el Maestro los reunió a todos y les dijo:

«Cada gesto que hace el hombre es como una pregunta. Todo cuanto le ocurre, desgracia o felicidad, es la respuesta. El mundo es como una montaña. Todo el bien y el mal que pensamos, decimos o hacemos podemos volverlo a escuchar en un eco. Puede ocurrir que no nos guste lo que oímos del eco, pero se trata de nosotros mismos. Es imposible que cante un ruiseñor y que el eco de la montaña nos haga oír el grito de una corneja.»

El destino, a diferencia de lo que se cree vulgarmente, no es lo que nos ocurre, sino lo que nosotros mismos provocamos. Es el resultado de lo que hemos sembrado, de lo que sembramos en cada instante en que no es Dios quien piensa, habla o actúa a través nuestro. La única manera de escapar al destino es permitir que sea Dios quien lleve las riendas de nuestras vidas.

¡Dejémosle que grite en nuestro interior!

La tentación

Cuando Dios está más cerca de nosotros es en los momentos más difíciles y comprometidos, aunque a menudo no nos demos cuenta de ello. Es precisamente entonces cuando más podemos hacer por Él y cuando más puede hacer Él por nosotros.

«Después de vencer una serie de terribles tentaciones en mi cueva del desierto —explicaba el Maestro a sus discípulos—, extenuado, desfallecido, le pregunté al Señor:

—¿Dónde estabas, Dios mío, mientras me atacaba la tentación?

Y el Señor respondió:

—Estaba en medio de tu corazón, orgulloso, viéndote combatir y vencer.»

Los extremos se tocan, afirma la sabiduría popular, enseñándonos que en los momentos aparentemente más difíciles y duros se encuentran las mayores oportunidades. Por este motivo es en esta vida, en medio de nuestros problemas y de nuestro dolor, donde se encuentra la gran oportunidad de acceder a la otra vida: el exilio nos instruye. ¡Ojalá seamos capaces de reconocer los mensajes del Señor velados por las vestiduras de este bajo mundo! ¡Ojalá seamos sensibles a su música tan ahogada por el ruido de nuestras pasiones!

Cuando nos sentimos tentados es que, paradójicamente, nos hallamos cerca de Dios y que el enemigo nos atropella en su prisa por desviarnos del camino recto. Por eso, la tentación es un aviso de la proximidad de Dios y de nuestra impotencia para cubrir la distancia por nosotros mismos, confiando únicamente en nuestras propias fuerzas. En ese momento, Él está cerca y es, al mismo tiempo, inalcanzable. Como quien realiza una ofrenda suave y devotamente, hemos de situar nuestro corazón en el cauce al que accede la fuente de la Gracia divina.

La comprensión

«Aquel que sabe —escribe Rumi— comprende muchas cosas con pocas palabras. Con una línea entiende volúmenes enteros». Las palabras únicamente sirven para rememorarnos lo que ya sabemos en nuestro corazón.

No nos hacen comprender nada, pues la verdadera comprensión no tiene nada que ver con el nivel discursivo. La verdadera comprensión implica la vivencia. Cualquier otro tipo de presunta comprensión queda limitado a la mera anécdota.

El grupo de discípulos estaba sentado alrededor de unas tazas de té conversando alegremente, cuando uno de ellos se dispuso a relatar una curiosa anécdota que había oído hacía poco.

Otro, después de las primeras palabras, se puso pálido y se retiró. Ninguno de los presentes sospechó la relación entre su amigo y el protagonista que, en la historia, les había hecho reír con su ridícula torpeza... Sólo este discípulo comprendió las palabras que todos habían escuchado, porque sólo él sabía a qué se referían.

Todos los Libros Sagrados nos hablan de Él. Cuando Le poseemos, la letra se torna espíritu. Cuando Le desconocemos, las lecturas pías son someramente distraídas. Él es la pieza clave de su entramado. Él es la Luz que ilumina nuestras tinieblas. A Él hemos de pedir Luz que ilumine nuestras tinieblas. Pidiéndole a Él, la luz ilumina nuestras tinieblas.

¡Sin Él no se entiende nada!

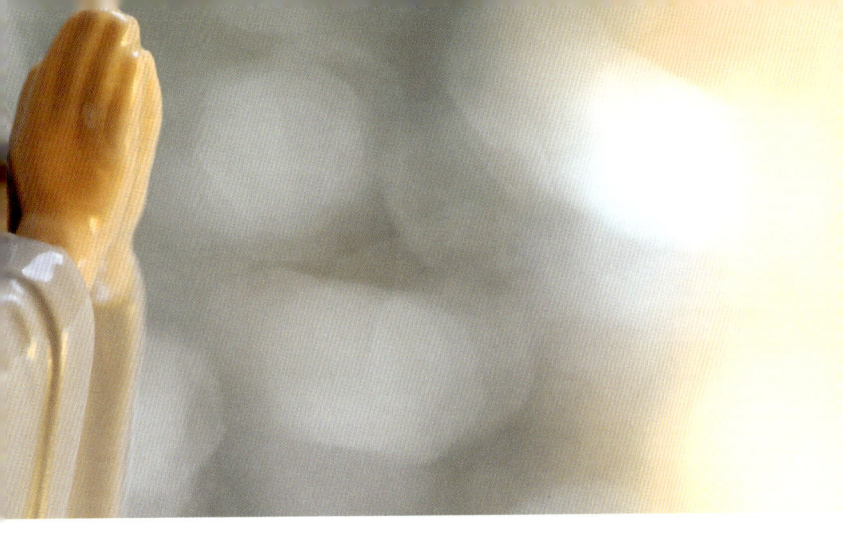

La oración

La oración es el medio más eficaz para que se realice la voluntad de Dios en nuestras vidas, entrando en comunicación directa con Él, sin intermediarios. Pero muy a menudo confundimos la oración con lo que oramos o con la manera de orar. Una cosa es pedir algo, otra lo que pedimos y otra muy distinta son las palabras que utilizamos para pedirlo. Estas últimas, que constituyen la oración, no son sino el medio que nunca hay que confundir con la causa ni, mucho menos, con el fin.

Uno de los discípulos preguntó:

—¿Existe algún camino más directo que la oración para llegar hasta Dios?

El Maestro contestó:

—Sí, la oración.

Y prosiguió:

—Pero la oración no es sólo su forma exterior. La forma constituye el cuerpo de la oración, ya que la oración, como el cuerpo, tiene un principio y un final. El alma de la oración, sin embargo, es ilimitada, no tiene un principio y un final. Surgiendo de Dios y volviendo a Él, es infinita. Conectando con esta vida de Dios, hallamos el camino más directo para llegar hasta Él.

Orar es más que hablarle a Dios, es colocarse en un estado de silencio interior en el que podamos escuchar lo que Él nos dice. Orar es escuchar el silencio y saborear su mensaje como se disfruta de una buena música.

La oración y la fe

Muchos sistemas religiosos hacen un hincapié a veces excesivo en las prácticas formales y convencionales, incluso a veces en detrimento de la Fe. Llega un momento en que muchos discípulos se encuentran ante el dilema de escoger.

¿Hay algo más importante que la oración? —le preguntó el discípulo al maestro.

—Ciertamente –respondió éste–: la Fe. La oración, en muchas religiones, es obligatoria varias veces al día. La Fe, para todos los hombres realmente religiosos es necesaria en todo momento.

Podemos dejar de orar por fuerzas de causa mayor, sin embargo, en los momentos difíciles, la Fe sigue ahí. Sin la Fe la oración carece totalmente de valor y de eficacia: es pura hipocresía. Las oraciones son diversas, varían según los lugares, las épocas y las religiones, pero la Fe es siempre la misma.

Las oraciones son como los dedos, la Fe como la mano. A alguien puede faltarle un dedo y ello no le impedirá comer o saludar al rey, pero si le falta la mano, no podrá hacerlo.

El Cielo y el Infierno

Vivimos en un mundo mezclado en el que el placer y el dolor, la felicidad y la desgracia alternan como el día y la noche, como el sol y las estrellas. Pero todo en él no es sino un símbolo, una muestra efímera y pasajera de lo que puede ser.

Andaban por aquel entonces el Maestro y sus discípulos en peregrinación hacia el Templo cuando llegaron a una humilde aldea, hambrientos y extenuados.

Entraron en la primera posada que encontraron y, a la luz de las velas, degustaron una suculenta cena.

Tan sabrosa era ésta que un discípulo aventajado no pudo por menos que exclamar:

—¡Si esto es bueno, cómo será el Cielo!

A lo que el Maestro le respondió quemándole el dedo índice con la llama de la vela:

—¡Si esto duele, cómo será el Infierno!

El mayor de los placeres es incomparable a la beatitud y el más terrible de los sufrimientos bien poca cosa al lado del tormento eterno.

El prójimo

Uno de los mayores espejismos en que nos vemos sumidos los seres humanos consiste en creer que «somos» separados de los demás. Sin duda, esta miope visión de la vida es la causante de un número casi infinito de problemas. No se trata de moralismos ni de reglamentaciones éticas, sino de mero sentido común que va más allá de las apariencias. ¿No dice el segundo mandamiento de la Ley «amarás a tu prójimo como a ti mismo»? Ese prójimo, no sus vestiduras o su personaje, no es, en su esencia y de hecho, alguien distinto de uno mismo...

Hablando de los Santos, el Maestro solía decir:

«Si los Santos aman a todo el mundo y piensan bien de todos, no lo hacen por los demás, sino por sí mismos, a fin de que desaparezca toda imagen odiosa y detestable. Cualquiera que haga una buena obra, la hará para sí mismo y cualquiera que se comporte incorrectamente con los demás, se habrá comportado erróneamente consigo mismo.»

El prójimo, aquel a quien aman los Santos, es Él en todos y cualquiera de nosotros. Amándole en los demás, Le amamos en nosotros mismos, ayudándole en los demás, Lo ayudamos en nosotros mismos. Viéndolo en los demás, Lo veremos también en nuestro interior.

Pedir

Constituye una manifestación de nuestro orgullo no pedirle a Dios hasta las más nimias cosas, como si, al fin y al cabo, no nos viniera todo de Él.

Si no pedimos en todo momento, no es porque no queramos importunar a Dios, sino porque nos falta fe y no confiamos suficientemente en Él y en su generosidad infinita y completamente desapegada.

El Maestro había enseñado a su hijito que se lo tenía que pedir todo a Dios. Cuando quería un juguete, lloraba y se lo pedía a Dios. Entonces su padre se lo daba.

Un día que estaba solo en su casa, tuvo hambre y le pidió a Dios que le diera algo para comer. Y Dios así lo hizo.

Cuando el Maestro regresó con su esposa, encontraron los restos del festín y le preguntaron de dónde había salido. El niño les explicó que sintió hambre y que le había pedido al Señor que le diera de comer. Entonces el Maestro, emocionado, dijo:

—Alabado sea Dios por haber permitido que tengas tanta fe.

Únicamente está dispensado de pedirle todo a Dios el Santo que ha aprehendido definitivamente que todo viene de Dios. No es, pues, necesario que Le pida lo que ya sabe le va a ser concedido; su plegaria es todo agradecimiento.

La sed

Las explicaciones exteriores tranquilizan la mente y la reconfortan, pero no calman la sed ni tampoco la despiertan. Desgraciadamente, los seres humanos somos poco exigentes y nos solemos contentar con ellas.

Tras escuchar con toda su atención la parábola que acababa de pronunciar, el discípulo le preguntó al Maestro:

—Maestro, nos has contado una bella historia, la hemos entendido, pero sabemos que contiene un significado oculto. ¿Por qué no nos revelas también ese significado?

A lo que el Maestro contestó:

—Cuando tienes sed, quieres que te den agua; pero, ¿quién podría dártela si no dispones de un cuenco? ¿Cómo podrías beberla si no lo hubiera? Tú te fijas en el cuenco y no en el agua. Eso quiere decir que no tienes bastante sed.

Cuando una parábola no sirve para calmar tu sed, quiere decir que no la tienes, pero puede servir para despertarla.

Cada frase de la Escritura, cada parábola es como una Fuente de Aguas Vivas capaz de calmar una cierta sed en nosotros. Si carecemos de sed, podremos quizá entender intelectualmente de qué nos habla la parábola, pero no la aprovecharemos al máximo. A lo sumo servirá para, poco a poco, ir despertándola.

El vino

Es habitual entre los cabalistas y los sabios comparar el secreto al vino. La razón estriba, sin duda, en que el valor numérico de ambas palabras en hebreo es exactamente el mismo. Pero esto es sólo algo así como la etiqueta. Detrás del vino se esconde algo más que un mero símbolo. Al proceder éste de la vid, no está muy lejos de venir de la vida. El vino simboliza la vida, embriagadora, regeneradora, que en la más genial de las definiciones es equiparada al Camino y a la Verdad.

El único Secreto, el único Camino, la única Verdad es la Vida. Todo el resto es literatura, porque la Vida es el regalo que Dios nos ha dado a los hombres y no busca ser definida, etiquetada o explicada; busca, simplemente, ser vivida.

Cuando le preguntaron al Maestro a qué se parecía el Secreto, aquello que durante tantos años habían estado buscando en las noches de vela, en los días de plegaria, en las abluciones matutinas, en los atardeceres de meditación, éste tomó simplemente una copa de vino y bebió.

Cuando hubo apurado el vino les dijo:

—Nuestro secreto es comparable a una botella de buen vino. Para no corromperse ha de permanecer herméticamente cerrado y, con los años, adquiere cuerpo y sabor. Pocos son aquellos capaces de darse cuenta de cuál es una buena botella y cuál no lo es. La mayoría de ellos se limita a leer la etiqueta y a elogiar la añada. Les han dicho que se trataba de una buena cosecha... Únicamente algunos de ellos son capaces de abrir la botella y de catar con pericia el vino. Pero sólo uno o dos por siglo sabe embriagarse en Él. Pero su ebriedad es muy distinta.

La vida y el vino son una misma cosa, y el conocido adagio que dice «*in vino veritas*» (en el vino está la Verdad), puede entenderse como que la Verdad está en la vida, es la vida.

Nosotros y los demás

El mayor de los espejismos en que caemos los seres humanos consiste en creernos separados de los demás y de Dios. Todos estamos unidos a Él y por Él, aunque exteriormente seamos distintos, no nos conozcamos e incluso no nos gustemos. De ahí viene el más sabio de los mandamientos: no hacer a los demás lo que no queremos que nos hagan a nosotros mismos. Porque, en el fondo como en la superficie, los demás también son nosotros mismos.

El Maestro comprendía perfectamente esta gran verdad cuando decía: «Si hacéis mal, os lo hacéis a vosotros mismos. El daño nunca alcanza a Dios».

El dolor, incluso el mayor de ellos, siempre es epidérmico, pasajero. Sólo pueden ser dañados el cuerpo y la personalidad, que son efímeros y que, en cierto modo, compartimos con los demás. Nunca la esencia, en la que todos comulgamos con Dios.

La desesperación

Algo sumamente importante en la búsqueda consiste en no ceder nunca ante la desesperación. «No desesperar nunca de Dios y de nosotros mismos», dice el autor del *Mensaje Reencontrado*, y compara esta actitud a la del sembrador que une su fe al acto de amor del Cielo y de la Tierra. Se trata, ciertamente, de un misterio más operativo que meramente especulativo.

Quizás debamos deducir de todo ello que tanto Dios como uno mismo, de los cuales no hay que desesperar, no sean sino las dos caras de una misma moneda, las dos partes de una misma naturaleza que se aman y necesitan para que se realice el misterio de la Unidad.

La peor de las perezas consiste en desesperar de Dios y de nosotros mismos.

Prospectemos nuestro corazón y seremos iluminados por nuestra propia luz.

Desesperar es aceptar el espejismo de las apariencias. El perezoso que no quiere realizar su trabajo es condenable, pero aquel que incluso se niega a que se haga el trabajo que realiza Dios en él, participa de la peor de las perezas. No sólo no espera nada de sí mismo, lo cual es comprensible, tampoco espera nada de Dios, lo cual es imperdonable.

Así pues, sacudámonos esa pereza y prospectemos nuestro corazón con paciencia como prospectaríamos un pozo, para beber de nuestra propia agua, para ser iluminados por nuestra propia luz.

Las golosinas

A través de la vida, Dios nos da lo que necesitamos para llegar a Él curándonos de nuestra ignorancia, pero muy a menudo no entendemos los mensajes de la vida. Sólo deseamos lo que nos parece dulce y agradable, y evitamos lo amargo y doloroso aunque, ciertamente, esto último nos suele conducir con más fuerza y precisión hacia la única realidad. Como decía el Maestro, «las golosinas suelen ser peligrosas».

Varios discípulos dejaron al Maestro para irse con otro instructor espiritual que enseñaba técnicas sumamente apetitosas para el desarrollo interior. Los que permanecieron a su lado no entendían del todo la deserción de sus compañeros y le preguntaron qué había pasado.

Él les contestó:

—Acaso el hombre bienintencionado reparta golosinas entre sus semejantes, pero el buen médico sólo da medicinas curativas, sin importarle que los enfermos las encuentren dulces o amargas.

Dios es el buen médico y el mundo el dispensador de golosinas, a veces bienintencionado, pero nefasto a fin de cuentas para la vida del espíritu. ¿Qué puede importarle a Dios que estemos de acuerdo o no con lo que nos ha tocado vivir? Con toda seguridad nuestro destino, con sus jardines y sus desiertos, con sus peñascos y sus riscos, es el mejor itinerario para volver a la Casa del Padre. Acaso nuestra vida sea amarga, acaso sea dulce. Poco importa: lo único realmente urgente es que reaccionemos a la llamada divina que nos exhorta a la curación definitiva.

El mono y el pez

Nada hay más peligroso que la buena voluntad y las buenas intenciones.

El mismo Infierno, al decir de Dante, está pavimentado de ellas. Por eso el Enemigo es un ser terriblemente bienintencionado, por eso es «el mono de Dios», su patoso y ridículo imitador.

Si para los egipcios el diablo era Tifón, «el cegador», también era «el que cegaba». Se podría asimismo añadir que también es, si no el cegado o el ciego, al menos el tuerto, o sea aquel que, quizá con su mejor voluntad, sólo ve una parte de la realidad y actúa creyendo que ve la totalidad.

Incapaz de adivinar al Dios que mora en el interior del hombre, quiso su perdición y lo sedujo. Pero como si ahora quisiera arreglar las cosas, el «mono de Dios» intenta ocuparse de los hombres, pero está lejos de ser el «pescador de almas» que éstos necesitan. Si bien actúa con nosotros con su mejor voluntad, siempre lo hace de un modo erróneo. Tal es la historia de otro mono, la misma historia que, en nuestra vida encarnada, se repite a cada instante:

> —¿Qué diablos estás haciendo? —le preguntó la mona al mono mientras éste estaba sacando del agua a un pobre pececillo para colocarlo en la rama más alta del árbol.
> —¡Déjame en paz! Su vida depende de mí! —le respondió el mono.
> —¡Pero, salvaje! ¿No ves cómo se agita?
> —¡Es de alegría porque sabe que estoy salvándole de morir ahogado!

Y muchas veces, cuando queremos ayudar a los demás, no hacemos sino como el mono de la historia. No hay peores favores que los que no hemos pedido, ni peores consejos que los que no hemos solicitado. Napoleón solía decir: «No me deis consejos, ¡prefiero equivocarme solo!».

La gallina y el huevo

Un conocido aforismo sufí dice que si la luz ve cien mil personas, sólo desciende sobre aquel cuya esencia es luz. Todos los Filósofos Herméticos coinciden en que lo semejante atrae a lo semejante. Sólo llega hasta nosotros lo que, en cierto modo, ya está en nosotros. Si queremos la luz, sólo nuestra luz puede atraerla. Si queremos hallar la Verdad, sólo la Verdad en nosotros nos ayudará a encontrarla. Y si queremos la vida, hemos de exaltar la vida que mora en nosotros y no ahogarla.

La gallina rompe el cascarón del huevo cuando oye que el polluelo lo intenta desde adentro.

El Maestro le decía:

Diez mil hombres que vienen de fuera no pueden abrir la puerta de la ciudad si dentro no tienen un cómplice.

Diez mil palabras, que vienen de fuera, son totalmente inútiles si no son confirmadas por el interior.

Si un árbol no tiene humedad en sus raíces, de nada le servirán diez mil torrentes.

Si no tienes un vaso vacío y limpio, de nada te servirá toda el agua del mundo.

El cómplice, la voz interior, la humedad, el vaso, se trata siempre de lo mismo. La mayoría de símbolos hablan de Él. La mayoría de parábolas se refieren a Él.

Pocas puertas abriremos si hemos olvidado la llave. Poco nos dirán los libros si permanece cerrado el Libro de nuestro interior. Pocos pasos daremos en la búsqueda de Dios si olvidamos dar el primer paso hacia nuestro corazón. Cuando sintamos una llamada, no dudemos: es la oportunidad de nuestra vida. Vayamos entonces al encuentro de nosotros mismos.

Las palabras de la Creación

Los hombres solemos preferir las explicaciones sutiles y complicadas a la evidencia y la claridad de la realidad. Todo cuanto hemos de descubrir está ya al descubierto, ante nuestros propios ojos. Todo cuanto tenemos que saber ya ha sido dicho, y no nos hemos enterado. Y todo cuanto deseamos conocer está en lo conocido y no, como podríamos creer, en lo desconocido.

Pero preferimos las palabras, nuestras palabras, a aquellas que constantemente nos están hablando de Él porque Él las pronunció para manifestársenos.

«Los Cielos y la Tierra —explicó el Maestro— son palabras para aquel que comprende, pues ellos mismos fueron engendrados por las palabras "Sé" y "fue"».

¿Por qué preferimos la explicación a la cosa explicada? ¿Acaso es más nutritiva una receta de cocina que un plato caliente y bien sazonado? Tenemos un miedo tal a involucrarnos que optamos por conformarnos con frases huecas que, por conocidas y poco comprometidas, no suponen ningún tipo de esfuerzo, a encararnos con el misterio de la evidencia.

Dios es evidente, ¡pero el mundo nos resulta tan cómodo y tranquilizador!

La desgracia es una forma de pereza. Seamos diligentes en Su búsqueda, y el destino nos sonreirá.

La procedencia

En el fondo, lo que busca cualquier buscador es lo que los antiguos filósofos llamaban «la causa primera», el Origen, aquel punto inmanifiesto del que parte, como por irradiación, toda la Creación, que no hace sino hablarnos de Él. Hallar de dónde vienen las cosas, de dónde procede lo que perciben nuestros sentidos, ése es el objetivo de nuestra búsqueda, pero el camino no siempre es fácil...

El discípulo se hallaba muy intrigado. ¿De dónde procedía aquella luz cegadora que, a través del sol, le saludaba cada mañana?

¿De dónde salían aquellos olores que, manando de las flores, le embriagaban en los atardeceres de la primavera? ¿De dónde venía aquella mirada que le contemplaba fascinada y atrayente a través de los ojos de su amada?

Estas y otras preguntas de la misma índole le planteó aquel día al Maestro, que se limitó a sonreír y a decirle: «¿De dónde salen tantas preguntas? ¿De dónde procede mi sonrisa?».

¿De dónde ha salido este cuento?

Lo imposible

Todo es posible para el que cree; la fe mueve montañas y la perseverancia logra milagros. En cualquier campo de nuestra vida en que sean aplicadas, fe y perseverancia nos conducirán infaliblemente hasta el éxito. En la empresa que nos hemos propuesto, en la búsqueda en la que nos hallamos, fe y perseverancia son como las dos piernas en las que se apoya nuestro caminar. Nuestra fe debería ser tan grande que nos impidiese tachar de imposible aquello que no cuadra con los esquemas lógicos de la realidad. Nuestra perseverancia en la búsqueda de Dios debería llegar a aburrir al Tentador.

El Maestro era capaz de los milagros más asombrosos, que realizaba con la mayor simplicidad. Ante una de sus proezas, impresionados, todos los discípulos se agruparon en torno a él. Cuando le preguntaron cómo lo había logrado, el Maestro les respondió simplemente: «Lo conseguí porque nadie me había avisado de que era imposible».

Lo contrario, desgraciadamente, también es cierto. Cuando nos dicen que algo es imposible, cuando la duda se instala en nosotros, automáticamente se convierte en imposible.

La hoguera inextinguible

Al venir a este mundo invernal, para protegernos de su frío asesino, nos ha sido concedido un don que es, al principio, muy pequeñito, como una chispa, una llamita. Si es alimentada con amor y constancia, puede convertirse en una hoguera cuyo calor acabará fundiendo el hielo que nos oprime y como una luz que alumbrará nuestro peregrinar. Si es descuidada u olvidada, nuestra suerte dependerá de nosotros, y no debemos atribuir nuestras desdichas y nuestros fracasos a nadie más.

Si algo intrigaba a los discípulos, era saber de dónde sacaba el Maestro la leña para alimentar el fuego de su hogar, que ni de día ni de noche a lo largo del invierno habían visto apagado, a pesar de la carestía y de la escasez de madera. Unos cuantos de ellos se pusieron de acuerdo y durante varios días espiaron al Maestro, imaginando que conocía un lugar oculto repleto de combustible.

Nevaba y el frío arreciaba pero, por turnos severamente organizados, los discípulos seguían vigilando al Maestro, y cuál fue su sorpresa cuando constataron que en toda una semana no había salido de su casa más que para orar y predicar. Pero no era todo: día y noche se los pasaba estudiando las Escrituras.

Sólo algunos discípulos comprendieron: dejaron de espiarle y se encerraron en sus casas para imitar al Maestro. Los otros aún siguen intrigados.

Cuando nacemos, en nuestro primer cumpleaños, cuando cumplimos cero años, recibimos tres regalos: nuestro cuerpo, nuestro psiquismo y una chispa divina. A lo largo de nuestra vida hemos de alimentar nuestro cuerpo para que crezca y nos permita vivir saludablemente.

También nuestro psiquismo necesita un alimento intelectual y emocional. A veces nos ocupamos tanto de alimentar a nuestro cuerpo y nuestro psiquismo, que nos olvidamos de la chispa divina que mora en nosotros. Ella también tiene hambre, y se trata de un hambre muy especial: es como una hoguera que sólo puede arder si es alimentada con una madera de gran nobleza: la Palabra de Dios. Ésta es la función del estudio de las Sagradas Escrituras: alimentar el fuego divino en nosotros para que no se extinga y nos brinde luz y calor a lo largo de nuestro peregrinar. Y estos cuentos, amigo lector, no son más que un aperitivo. ¡Ojalá te abran el Hambre!

El elefante y el ratón

El mayor drama del hombre lo constituyen sus prejuicios, su estrechez de miras al querer aplicar sus limitadas proporciones para aprehender lo ilimitado. Sólo Él, manifestándose al descubierto, rompiendo nuestros esquemas, acaba con el antiguo hechizo.

El Maestro les explicó la siguiente historia:

Estaba el elefante bañándose apaciblemente en su piscina cuando apareció el ratón enfurecido:

—¡Sal del agua! ¡Sal del agua!

—¡Ni hablar! Con el calor que hace! –respondió haciendo sonar su potente trompa.

—¡Sal ahora mismo! –insistió el enojado roedor.

—No saldré hasta que me digas por qué –le respondió el proboscidio.

—Pues no te lo diré hasta que hayas salido. Si deseas saber por qué quiero que salgas, has de salir primero.

Tras un tira y afloja, el elefante se dio por vencido y, pesada y lentamente, salió de la piscina refunfuñando:

—Bueno, ahora explícame por qué querías que saliera.

—Pues, muy simple, para comprobar si te habías puesto mi traje de baño. Hace más de una hora que lo busco y no lo encuentro.

Buscar a Dios puede resultar tan absurdo como buscar un traje de baño a nuestra medida y, en una tal búsqueda, no hallaremos ni a Dios ni el traje de baño. Cualquier idea que nos formemos sobre Dios limita el objeto de nuestra búsqueda. Por eso el Maestro siempre daba dos consejos a los principiantes:

«Abandona tus prejuicios en la búsqueda del Señor. Deja que sea Él quien se busque a sí mismo a través de ti.»

La serpiente en la cabeza

La serpiente es, ciertamente, el más astuto de los animales y el más dual de los símbolos. Se ha utilizado tanto para simbolizar la verdad como la mentira, la medicina como el veneno. Sin duda, su simbolismo oculta un misterio muy importante.

Cuando el Maestro le preguntó al discípulo que se creía iluminado cómo era la Iluminación, éste no supo qué responder. Avergonzado, lo miró temeroso y el Maestro le sonrió poniendo a continuación su dedo índice delante de la boca y emitiendo un breve «Tssss».

Una sonrisa del discípulo confirmó la del Maestro, y aquellos que lo contemplaban comprendieron (o creyeron comprender) que se trataba de sonreír. Y así lo hicieron. Sonrieron mucho, varias horas cada mañana.

Pasaron unos cuantos meses sonriendo a diario pero como nada había cambiado en ellos y no se iluminaban, pronto abandonaron la práctica y se volvieron tristes. Entonces uno de los discípulos, más inteligente e intelectual que los otros, pero también más valiente, recordó el Tss... y la posición exacta del dedo del Maestro al pronunciarlo. Fue una experiencia sublime para él y se puso entonces a predicar que estar iluminado era como tener una serpiente en la cabeza.

La idolatría consiste precisamente en esto: adorar la apariencia, la forma, descuidando por ello la esencia.

Sólo Él es merecedor de culto y si a veces las formas son «adorables», a Él se lo deben. La razón de ser profunda de los iconoclastas tiene que ver con todo esto: había que destruir (leamos superar o trascender) las imágenes para entrar en contacto con la esencia.

Pero también aquí la serpiente ha sabido engañar: se trata de algo simbólico y no había por qué destruir los iconos que, paradójicamente reflejan la esencia con una austeridad y una belleza de elevado valor espiritual, sino nuestras propias imágenes y nuestros prejuicios que nos alejan más de la divinidad que cualquier otra cosa. ¡Realmente, a veces parece que tengamos a la serpiente en la cabeza!

La puerta de nuestra casa

Toda casa tiene una puerta por la que podemos entrar las cosas de este mundo, y todo hombre tiene una puerta por la que pueden penetrar los mensajes del Señor. ¿Cuál es esta misteriosa entrada? ¿Cómo abrirse a Sus Palabras?

El discípulo no sabía qué le ocurría. Desde que se hallaba en la búsqueda, todo era distinto para él. La música y el ruido no eran como antes; lo que el mundo le ofrecía se le antojaba descolorido, vacío y ya no le interesaba. Todo ello llegó a preocuparle un poco, por lo que fue a consultar al Maestro que, sonriéndole, le contestó:

«Si llamas a la Puerta de la Casa de Dios, es que Él ya ha llamado a la puerta de tu corazón.»

Y cuando el Amado nos llame, atendamos a Su llamada, porque una alegría indecible brotará de nuestro corazón y hará que nos olvidemos de todo, que desoigamos todos los ruidos, que desdeñemos todo lo que no es de Él. Cuando Su Luz aparece, todas las apariencias se esfuman.

El hombre es lo que busca

Somos lo que buscamos, porque eso es lo que se halla dentro de nuestro corazón; y, aunque no nos demos perfecta cuenta de ello, somos nuestro corazón.

El Maestro fue a ver a un discípulo enfermo y le dijo que para curarse sólo tenía que hacer una cosa: buscar la salud. Mientras regresaba, uno de los discípulos que le acompañaban le cuestionó su consejo, a lo cual el Maestro respondió:

«Debes comprender que cualquiera de nosotros, sea quien sea, se halle donde se halle, está inseparablemente ligado a lo que busca. El hombre es lo que busca, porque

siempre, a través de su búsqueda, se está buscando a sí mismo. Si busca la salud, no le afectará la enfermedad; si busca la Verdad, no le afectará la mentira.»

Éste es el secreto de la Búsqueda: si alguien está en busca de Dios, difícilmente caerá en las garras del Enemigo. El Adversario sólo puede actuar sobre nosotros si nuestra vida no está orientada hacia Dios. Si buscamos Su Reino, todo lo demás se nos dará por añadidura, ¡y con facilidades!

La desnudez

Nuestros prejuicios y nuestros esquemas mentales son lo que más nos separa de la experiencia unitiva y viva de la Verdad, que está más allá de las palabras, más allá de las formulaciones intelectuales. Pero nosotros preferimos disfrazar nuestra ignorancia y nuestra inseguridad con datos, ideas, opiniones, etc.

Cuando llegaron al lago, se encontraron con un grupo de adolescentes que se estaban bañando desnudos. Varios discípulos se escandalizaron y fueron a protestar al Maestro. Éste les dijo:

«Para buscar la Verdad, hay que estar desnudo como ella; hay que estar desnudo como Adán antes de la Caída. Debemos, pues, quitarnos las vestiduras de bestia para revestir el cuerpo de luz. Hay que volver a ser como niños pequeños que se desnudan y patean sus vestidos. Los Sabios saben desnudarse, los ignorantes no son capaces.»

Los niños pequeños no prejuzgan, carecen de esquemas y lo aprenden todo a una velocidad de la cual los adultos somos incapaces. La Verdad puede alojarse más fácilmente en ellos que en nosotros, que estamos repletos de medias verdades, de opiniones, de comentarios. ¡Ojalá supiéramos desnudarnos de todo lo que no es Él, para hacerle sitio en nuestro corazón!

Comprender

Algo que hace que nos sintamos seguros, falsamente seguros de alguna cosa, es creer que la comprendemos; pero comprender no es explicar, etiquetar, definir o dominar. Comprender es abarcar con la inteligencia del corazón.

El Maestro solía explicar muchas cosas a sus discípulos, aunque en realidad sólo les hablaba de una Cosa. Pero con todo, había quien se quejaba de que no comprendía, a pesar de intentarlo con todas sus fuerzas. Por ello, un día el Maestro les explicó:

«Sólo podemos empezar a comprender cuando renunciamos a hacerlo, porque cuando lo intentamos, únicamente una pequeña parte, la más exterior de nuestra inteligencia, está funcionando. Sin embargo, cuando estamos simplemente abiertos y no intentamos nada, funciona la totalidad.»

Hay dos maneras de comprender las cosas: con la cabeza o con el corazón. Aquel que crea que es su cabeza, comprenderá con su cabeza; aquel que sienta que es su corazón comprenderá con su corazón. En lo que se refiere a las enseñanzas de los Sabios, sólo podemos comprender con el corazón.

El camino, la verdad y la vida

Toda nuestra vida es una búsqueda inconsciente de la Vida. Toda nuestra verdad es una búsqueda inconfesada de la Verdad. Todo nuestro camino es, sin sospecharlo, una búsqueda del Camino.Sólo la Vida lleva a la Verdad porque sólo la Vida es el Camino. Sólo la Verdad lleva a la Vida, porque sólo la Verdad no se aparta del Camino.Sólo el Camino lleva a la Verdad, porque sólo el Camino es fiel a la Vida.

Cuando le preguntaron al Maestro quién era, él respondió simplemente: «Soy el Camino, la Verdad y la Vida».

Y nosotros seguimos obstinados en buscar la Verdad, en buscar el Camino fuera de la Vida. Sólo aceptando la Vida podremos iniciar la peregrinación que conduce a la Verdad. No hay otro Camino.

Luz

Afirmaba Kabir que «el verdadero amor es todo de luz». Al decir de los cabalistas, toda la Torah, toda la Escritura, es luz; pero a pesar de tanta reiteración, los hombres seguimos en tinieblas...

Cuando hubo acabado de leer el versículo del Libro del Génesis (1-3): «Dios dijo que la luz sea...», los discípulos le preguntaron al Maestro acerca de su significado. Él hizo que apagaran todas las luces, excepto la de una vela. Dio a cada uno de los discípulos otra y, una a una, las fue encendiendo. Cuando hubo acabado, dijo:

«La Luz es el único espejo posible y puro para contemplarnos a nosotros mismos en nuestra esencia: Luz.»

Y esta luz no es sino nuestro corazón viviente, vibrando con el mismo latir con que late el cosmos, con el mismo amor que, según Dante, hace que se muevan las estrellas.

Índice

Prólogo 7
El primer llanto 9
La base de lo maravilloso 11
Las oportunidades 13
La búsqueda 15
No perdamos el tiempo 17
La fuerza del deseo 19
Buscar y encontrar 21
El único orgullo 23
Los deseos 25
La ambición 27
La realización de los deseos 29

Los defectos	31
El orgullo	33
La humildad	35
El destino	37
Cómo creamos nuestro destino	39
La tentación	41
La comprensión	43
La oración	45
La oración y la fe	47
El Cielo y el Infierno	49
El prójimo	51
Pedir	53
La sed	55
El vino	57
Nosotros y los demás	59
La desesperación	61
Las golosinas	63
El mono y el pez	65
La gallina y el huevo	67
Las palabras de la Creación	69
La procedencia	71
Lo imposible	73
La hoguera inextinguible	75
El elefante y el ratón	79
La serpiente en la cabeza	81
La puerta de nuestra casa	85
El hombre es lo que busca	87

La desnudez..	89
Comprender...	91
El camino, la verdad y la vida...........................	93
Luz..	95